또 다시 떠나면서

또 다시 떠나면서

Отправляясь снова

초판인쇄 | 2009년 04월 01일
초판발행 | 2009년 04월 07일

지은이 | 이규형
펴낸이 | 김선명
펴낸곳 | 도서출판 뿌쉬낀하우스
출판등록 | 2004년 3월 1일 제2004-0004호
북디자인 | 일탈기획, design86
주　소 | 서울시 중구 신당동 429-13 리오베빌딩 3층
홈페이지 | www.pushkinhouse.co.kr
이메일 | pushkinhouse@gmail.com
전화번호 | 02) 2237-9386~7
팩　스 | 02) 2238-9388

ISBN 978-89-92272-17-9 (02040)

이규형 시집

또 다시 떠나면서

Отправляясь снова

도서출판 뿌쉬낀하우스

••• 두 번째 시집을 내면서

첫 詩集 '때로는 마음 가득한' 을 2005년 8월에 냈습니다. 그 시집에는 1974년 외교부에 들어와 2004년 말까지 거의 30년간 써 왔던 詩 90여 편을 실었는데, 이번은 2005년 초부터 작년 말까지 4년 가까운 기간에 적은 60여 편을 냅니다.

지난 번 2년 반餘 서울 근무 중 海外 出張이 많았습니다. 유럽, 아프리카, 중남미의 여러 나라를 가게 되었고, 그 기회에 방문지의 매력이랄까, 특색, 그곳 사람의 아픔, 기쁨과 그래서 제 느낌, 생각을 틈틈이 적었습니다. 매우 바쁘고 중요한 일정 속에서도 사람들과 自然이 주는 아름다움을 머리 속에 담고 가슴으로 느낄 수 있음을 소중히 하였습니다.

이제 모스크바 勤務도 어느새 1년 9개월이 됩니다. 러시아 言語를 익히며, 러시아의 自然的 特性, 藝術的 獨特性, 러시아人의 마음 등을 느끼고 苦心하며 적어 왔던 세월입니다. 적지 않은 정치 사회 경제적 變化에 대한 認識도 포함해 보고자 애썼는데, 특히 제게 러시아어를 처음 가르쳐 주신 김선명 원장님의 강한 권유와 실제 번역으로 러시아語 번역시 20편이 게재되는 색다름을 갖게 됩니다.

우리네 삶 속에는 여러 가지의 아름다움이 참으로 많이 있습니다. 단지 관심을 두고 마음과 머리 속에 담아 두는가, 않는가의 차이는 있을 것입니다. 平常時 갑자기 밀려오는 삶 자체에 대한 귀한 느낌을 기뻐하면서 여기 "또 다시 떠나면서" 의 한 부분으로 싣습니다.

저는 文學을 사랑하고, 시인과 소설가를 존경하는 職業 外交官입니다. 간혹 소름이 끼치도록 처절하고 철저한 작품을 對하며 文學人에 대한 敬畏心을 높이는 사람으로서 詩를 쓰고자 합니다. 얼마 전 어느 유명한 문학인이 '그 동안 나는 아름다움에서 오는 기쁨을 위하여 글을 써 왔다' 고 쓴 머리말을 보았습니다. 내가 벌써부터 머릿속에, 가슴 속에 담아두고 있던 내용이어서 보는 순간 기뻤습니다.

삶의 순간순간 전해오는 사람들의, 자연의 아름다움은 참 소중한 것들입니다. 제 마음을 떨리게 하는 사람들의, 자연의 울림은 참으로 아름답습니다. 분명 그것은 나이와 상관없습니다. 분명 그것은 時間, 空間을 초월합니다. 진실을 추구하고 최선을 다하며 진정한 삶의 의미를 찾는 것은 언제나 아름답습니다. 서툴더라도 그러한 아름다움을 계속 적고 싶고, 나이가 더해주는 智慧를 보이고도 싶어집니다.

이 시집의 출간을 위해 모든 수고를 아끼지 않으신 뿌쉬낀하우스의 김선명 원장님과 러시아語 번역과 監修를 맡아주신 라리사 삐사레바 교수께 깊은 감사를 드리면서, 올해도 새해 첫 날 100명에 가까운 대사관 직원 가족들과 함께 떡국 등 설날 음식을 맛있게 먹게 해준 아내에게 새삼스레 고마움을 적습니다.

2009. 1. 9, 눈이 오는 모스크바에서

●●● 목차

II. 삶 속에서

III. 아름다움을 위하여

IV. 8 месяцев в России 러시아語 번역

перевод Писаревой Ларисы и Ким Сон-Мён

I 머물고 머문 곳에서

러시아의 80餘日

가슴으로만 느낄 수 있다는 러시아(Russia)[1]
용솟음치는 물길, 벼락같이 내리치는 함성과도 같은
가슴에서 쏟아지는 느낌을 기다렸습니다.

맑은 태양 수줍은 듯 곱게 솟아 있는
겨우내 하얀 피부 곳곳 터진 자작나무들
수많은 잎 새 위로 반짝이는 바람 소리
검푸른 전나무 벗하여 너른 땅을 덮고.

千年을 넘어 가슴과 表情도 얼리는 긴 추위
무뚝뚝한 투박함 위로 반짝이는 藝術 指向的 손길
파란 봄 華麗한 튜립을 정성스레 가꾸는 마음으로
'뿌쉬낀' 詩를 암송하고 연주회를 꽉 메운 사람들

11시간 時差를 가진 광활한 大地
그림 위로 이야기가 넘치는 역사와 문화가 가득한 곳,
80餘日을 보내며 100餘人을 넘어 만났습니다.

붉은 그림자에 걱정하고 놀라던 우리들
크래믈린(Kremlin)의 아름다운 벽돌 성벽을 돌아
'LG 다리' 를 건너 'SAMSUNG 갤러리' 를 向하며
밝은 현재를 보고 더 큰 미래를 이야기하고.

'相互 信賴하는 包括的 同伴者 關係'
머릿속이 아니라 가슴속의 신뢰를 바탕으로
國益에 도움 되는 일, 일들에 매진합니다
열심히, 최선을 다하며, 때로는 외로운 마음으로

2007. 7. 9, 모스크바

---

1 _ Fyodor Tyutchev (1803~1873 : 러시아 외교관이자 시인)는 '러시아를 이성으로, 공통잣대로 이해하려 해서는 안되고, 특별한 긍지를 가지고 있기 때문에 러시아는 믿음으로만 이해할 수 있다' 고 표현함.

러시아의 8個月

언제나 이듯이
지나는 시간보다 지난 세월은 쏜 살 같아
2007년을 마감하는 요즈음
'凍土의 러시아' 生活 8개월을 맞는다.

머릿속 認識과 가슴과 살갗 느낌의 차이

아직은 낯선 뿌쉬낀의 '겨울 아침' [Zimnee Utro][2]
2년 前 영하 39도이었다는 모스크바
꼬리를 문 自動車 熱氣, 童話 속 반짝이는 밤 건물들
시내 곳곳 등불 요란한 크리스마스 트리.

1천년을 넘는 歷史에 처음인 일들
'强한 러시아'[3]는 强한 지도자를 원한다.
안정(Stability)과 지속성(Continuity)을 무엇보다 원한다.
국민은 떨리는 목소리로 合唱을 한다.

보드카 넘치는 잔, 붉은 포도주를 마신다.

그 사이 눈부신 자작나무 잎 새 벗은 곳 뒤 편
땅을 파고 돌을 깔아
깊고 넓은 協力의 場을 다진다
모래가 되고 자갈이 되는 마음으로 힘을 보탠다.

宿命的 活路임에도 지난 날 진한 그림자
아직 성숙하지 않은 보편적 가치와 진실
그만큼 지혜를 더 모아, 큰 불을 밝혀
極東 시베리아를 지나 한반도를 덥히리라.

2007. 12. 21, 모스크바

2_Maroz i sontse, den chudiesnyi (차갑고 맑은, 찬란한 날)로 시작되는 뿌쉬낀의 유명한 시
3_2000년 5월 취임한 Putin 대통령이 내 건 국정 구호

러시아의 1年

내일 모레 서울에 간다.
딱 1년을 러시아에서 보낸 뒤 간다.
4 계절을 느끼고, 모스크바의 첫 겨울을 지냈다
자작나무의 새 순을 보며, 한 여름의 푸른 잎 새에 상념을 담고
눈바람에 휘날리는 황금색 가을 잎 소리를 들었다.

시간 시간의 양은 많지만, 다 합한 일 년은 언제이었는가
순식간이다, 삶이 매양 그렇기는 하지만.
흰 눈 덮힌 도시는 벌써 질척거리고
작년보다 더 빠른 봄 기운을 느끼는 것은
어느 새 이 곳에서 보낸 세월 덕택이려나.

서로를 알리고 서로에 적응하던 시간들
우리 스스로에게도 필요한 것이었다
곳곳마다 내 마음 같지 않음에 소리를 많이 내었건만
前例라는 이름이 주는 안도감, 맞추어가는 편안함,
편의적, 심지어 포기성 합리화는 아닐까
새로운 노력은 더 큰 힘을 찾고 또 부르고.

어디에 와 있는가
모스크바-서울 사이는 더 넓어지고 가까워졌는가
모자람이란 새로운 각오의 모티브이자 마름 없는 에너지
쌍방 통행로를 닦고, 정리-정비하고, 묵은 때를 걷어내고
소중한 마음으로 갈고, 다짐하고, 독려할 밖에.

한 마음으로 쉽게 실망하지 말고, 체념하지도 말며
성급한 성과에 自足하지도.
그런데, … 루스끼 이즈익[Ruskii Iazyk][4] 은 왜 이렇게 힘드는가.

2008. 4, 모스크바

4_러시아 말(언어)

러시아 - 반달

만 미터 상공에서 보는 달

시베리아의 밤을 밝히는 달
가장 가까운 데에서
보고 있다고 생각하는 달, 반달
앞으로 날아 갈수록 멀어지는지

가장 높은 곳에서 내다보는 달
가까이 있든 멀어지든
차창 밖으로 우리네 하염없는 달 빛

깊은 밤 신작로를 밝히고
포도주 맑은 잔 위로 넘치던
중앙 아프리카의 서글픈 달 빛

여전한 달임에도
달 보는 마음 변함없으련만
지난 세월
멀어지는 달 빛에 자신을 비추어 볼 때
벌거벗은 자신을 탓할 까닭은 잊고
자꾸 멀어지는 반쪽 달을 목을 빼어 본다.

앞으로 더 다가가는 데에도
자꾸 멀어지는 달, 반달.

2008. 8. 25, 모스크바-블라디보스톡 行 비행기

러시아 연방의 사하(Saha) 공화국
- 야쿠찌야(Yakutiya)

밝고 착한 웃음으로 맞는 아이들
자연과 함께 살기 때문이라는 답변이 인상적이다

한반도의 15배 크기, 그럼에도 상주 인구 95만 중
우리네 얼굴과 많이 닮은 야쿠찌야 사람은 고작 40여만
자기 말과 전통의학을 중시하기 때문만이 아니다
손님에게 친절하기만 하고
어른에 대한 공경심 - '해라' 와 '하세요' 가 있다고 한다.

6천 키로가 넘는 길이, 강 하구 폭은 300 키로를 넘는다는 '레나' 강
사하 공화국을 관통하며 極地를 향한다.
한 겨울 꽁꽁 언 강에 구멍을 뚫어 쿵쿵쿵 충격을 주면
탐스러운 물고기들이 겨울 잠 자다 놀래어 마구 튀어 나온단다.
각종 지하자원의 寶庫인 야쿠찌야 - 물 반 고기 반의 자연환경
지구 온난화로 極寒地 생태변화에 남다른 관심: 자연스럽다.

호텔 창 밖으로 펼쳐지는 지평선
밤 하늘의 별처럼 많다는 호수
국토의 90%가 늪지대, 그 중 깊은 것은 1.5키로 - 상상이 되는가
세계 다이아몬드 생산량의 25%, 러시아 국내수요의 90%를 충당한다니
아직 다 모른다 석유와 가스가 얼마나 되는지.

성대한 개막식 - '제 4차 청소년 체육대회' 준비에 쏟은 정성을 본다.
아이들 열의에 뜨거운 운동장, 밤 열 시에 시작하여 새벽 1시에 끝난다.
白夜의 도시답게 이틀간 치루어진 행사: 사물놀이가 참여한 첫 번째
개막 프로그램 - 손님임에도 긴장을 한다.

수교한지 18여 년간 주로 민간 부문이 일구고 가꾸고 소중히 키워 온
'한-야쿠찌야 우호친선 실질 협력관계'
우리에 대한 好感, 친밀감 - 얼굴이 닮은 까닭만이련가
사물놀이와 태권도, 사하 한국학교, 사하 국립대학 한국어과가 말한다
영화제를 하고 학생들을 초청하고 자동차 부품을 지원하며 주변을 친다

어깨가 무겁다.
더 없는 자원/에너지 확보 환경의 구슬 가마니
어찌 꿰어 보물을 만드는가,

야쿠찌야 - 러시아 - 한국?
러시아 - 야쿠찌야 - 한국?

모두에 오래오래 소중하고 이로운 보물을.

어깨가 더 무거워진다.

2008. 7. 6, 야쿠찌야-서울 行 비행기 속

모스크바 - 첫 느낌

그 사이 50餘 日이 지나는 동안
자작나무 새 잎 돋아 전나무와 깊은 숲을 만들고
맑은 바람에 햇빛 맞아 비치는 잎 새들이 눈부신 곳
위대한 그림 속에 숨어있는 이야기들

화려한 튜립으로 정성 들여 시내 곳곳을 치장한 사람들
굳세고(Tough) 섬세하고(Sensitive) 부드러운(Soft)면 속에
딱딱하면서(Rigid) 무지 신축적(Flexible)인 心性을 가진 사람들.

대단한 발견인양,
새로운 임지에서 흔히 갖게 되는
섣부른 판단일 수도,
시간이 지나고 사람을 더 만나고
物情에 조금은 익숙해 질 때 말 할 수 있으리

더구나 이렇게 큰 나라인데.

2007. 6월 초, 모스크바

모스크바 - 歲月

I.

햇빛이 변하고
바람도 달라지고
하늘은 높아지고,
나를 지나쳐 가는 歲月을
모스크바 강물의 흐름을 바라보듯 느끼며
짙은 그리움 속에.

II.

노보제비치[5] 湖水 주변에 넘치는
잔잔한 夕陽 물결이
일깨우는 소리와도 같은 느낌
가득히

歲月은 그렇게 가는 것이리

그럴수록 가슴을 잘 여미고,
풍성한 머리 속 그림을 그려서
때로는 짙은 입맞춤도 하고,
때로는 부드러운 손길을 느끼고
때로는 사진을 열어두고 눈으로 이야기 하다 보면
歲月이 저만큼 가 있으리

피렌체(Firenze/Florence)가 옆집처럼 가까이 올 만큼.

2007. 8. 26, 모스크바

5_ 모스크바 시내에 있는 오래 된 유명한 수도원, 경내 묘지에 유명인사의 묘가 많이 있음.

모스크바 - 겨울맞이

오늘 파란 맑은 하늘 마음껏 담아 보내오.

우리네 은행나무 잎 선연한 노란 빛은 아니지만
모스크바의 황갈색 단풍
季節이 다가옴을
조그맣게, 가벼운 떨림으로 전해 주는데

회색 빛 눈발에 습기 품은 大氣
색다른 이곳 차가움

겨울이 겨울다워야 한다는 생각
혹독한 추위에 한없이 쪼그라들어도
망각과 새로운 기대 없이
행복을 추구하기란 의미가 없을지도.

몽롱한 의식에 빠져
처마 끝 고드름에 시선을 빼앗겨
팔을 찌르고 발을 얼게 하던 추위는
아랑곳 할 것 없어

그 기억 속에 모스크바는 불타고.

2007. 10. 10, 모스크바

모스크바 - 늦은 가을

어느새 늦은 가을로 빠진
모스크바 근교[pod Moskvoi]

짙은 안개 속 끝없는
길 양편 나무들
곧게 뻗기만 한 4차선 도로를 물들이고
그림 속의 情景 그대로.

황갈색 자작나무 흰 테는 더욱 선명한데
지난 季節보다 한 길은 커졌을
전 나무
단풍 사이로 삐죽 모습을 뽐낸다.

첫 눈을 맞는다.
아우성치는 황금색 나뭇잎
속삭이는 친구들
거듭 다가오는 짧은 地平線

긴 겨울을 재촉하는가
춥고 어두운 겨울을 감싸려는가

늦은 가을이 하얗게 물들고 있다.

2007. 10. 15, 모스크바

모스크바 - 첫 눈

오늘 모스크바에서 첫 눈을 맞았습니다.

함박눈이 펑펑 쏟아지는데
황금색 자작나무 잎들이
흰 눈 사이로
아우성을 치는 듯
가냘프게 속삭이듯
몰려왔다, 또 몰려오곤 했습니다.

러시아의 흰 겨울
머릿속 풍경이 눈 앞에 펼쳐지고
벌써 녹아버린 길 옆에 가득한 눈 더미
기다란 기적 소리, 흰 연기 끝으로
자취 없는 눈, 눈

첫 눈에 취하였습니다.
아주 즐겁게.

2007. 10. 15, 모스크바

모스크바 - 눈

막상 내리니까
덜컥 걱정이 들었다

그처럼 그려보았던 하얀 情景
그 위로 쌓이는 눈
어둠 속에서 머리 위로 어깨 위로
쏟아지는 눈, 흰 눈

하얀 눈 속의 따뜻하고 낭만적인 그림
모스크바의 삶이 어떠리라는
현실은
부산하고 복잡한 어두운 흰 거리

눈은 그치고
새벽 창문 밖 멀리 가까이
어두운 빛 속에 하얀 지붕
수도원 돔(Dom) 위로, 성벽(Kremlin)과 첨탑 위로
하얀 눈을 덮고 잠든 都市

밤새
내가 그리던 모스크바의 겨울
아늑함 속에서
마치 꿈 속에서와 같이
하얗게.

2007. 11. 14, 모스크바

모스크바 - 계절의 변화

긴 잠 깨어나 다음 날 아침
지붕 위에 소복한 눈
밤새 하얗게,
놀라울 정도로 포근한 도시

겨울 모스크바에 눈이 없다면.

바쁜 출근 길
어느 새 추적추적 신발 적시는 도로
젖은 도로 위 남아 있는 흰 눈
지나가는 겨울에 충실하려는 듯,
땀 흐르는 이마 위
검은 털모자

눈부신 변화에 무덤덤한 사람들
밤 새 하얀 모스크바에
새삼스러운 감흥은 낯설지만
오랜 믿음이 항상 옳을 수가 있는가,
봄 문턱에 다가간 지도.

언제 느끼는 것이 맞는가.
언제 느껴야 하는가.

삶의 궤적은 자신의 몫,
인생은 각자의 선택.

2008. 3. 3, 모스크바

모스크바 - 봄 내음

이틀째 비가 내립니다.
우리네 보슬 비 같은 가는 비
봄을 부릅니다.

올해는 눈도 적고 날씨도 안 춥고
'왜 그렇게 추울 거라고 했을까' 하며 지낸 겨울
길지도 어둡지도 않았는지
겨우내 질척거리던 길거리

모스크바에도
어느새
봄기운이 밴 듯한 거리
연푸른 잎 새가 주춤 주춤 합니다.

여전히 무거운 차림의 사람들
고개를 흔드는 듯
겨울답지 않은 겨울을 보낸 사람들
이른 봄 내음이 낯설 수야.

2008. 4. 15, 모스크바

모스크바 - 5월

이곳 모스크바도
싱그러운 햇살이 넘치고
5월의 연한 푸르름이 가득하다오.

나뭇잎 스치는 바람 소리에
나뭇잎 뚫고 내린 햇빛 소리에
취하여
먼 곳 계신 님의 자취를 봅니다.
길-게 숨을 쉽니다.

나의 님
자작나무 잎 햇빛을 받아
반짝이는 보석 같은 당신 눈망울
내 머리 속에 가득합니다.

어느새
내 살갗에 당신의 손길이 내려 앉았더이다.
어느새
내 가슴속에 당신의 향기가 가득 배어 있더이다.

5월의 밝은 햇살 듬뿍 담은
당신의 맑은 웃음소리가
내 마음 속에 가득합니다.

5월은 더욱 푸르러 집니다.

2008. 5. 12, 모스크바

모스크바 - 상공(上空)

숲은
검은 초록색 바다를 이루고
듬성 듬성
하얀 구름
무인도를 여럿 띄운다.

그 사이 사람이 사는 공간
곧게 뻗은 먼 길
하늘에서 보는 숲 속의 도시
安堵와 책임감
새로운 숨을 내쉰다.

땅 위에는
한 정부 內 '견제와 균형' 의 장치
전례 없는 실험에 얼떨떨하던 사람들
이제는
흰색 자작나무 숲 속에 검푸른 전나무 群像 보듯.

모스크바의 여름
아침 밝은 햇빛 어느새 비구름에 덮여
굵은 비 온 뒤
언제 그랬느냐는 듯 파란 하늘, 맑은 햇빛
수많은 변화에 소리 없는 시민들

교외로 나가는 자동차 행렬
변화를 아는가 결과를 느끼는가
하늘에서 보는 푸른 숲 속의 도시
거푸 긴 숨을 내쉰다.

2008. 7. 11, 모스크바 쉐리메쩨보 제 2공항 상공

모스크바 - 8월

요 며칠 수시로 굵은 비 뿌리고 잔뜩 찌푸린 하늘

어느새 가을이 온 듯한 아침,
모스크바의 8월 초순
지난 해 서울보다 더 더웠던
이곳 여름 느낌이 새롭다.

아침 밝고 환한 맑은 공기, 성급한 계절의 바뀜인가
오후 다시 비 뿌리고, 푸른 여름은 어디에 있는가
휴가 떠난 모스코바이츠(Moscowvitch)[6]가 있을까
한결 원활한 都心 도로 사정이 아니라면

예상하지 않던 지엽적 전쟁[7]이 벌어졌건만
변함없는 일상 생활, 언론만 바쁘고
여유인가 신축성인가 무관심의 지혜이었든가
소중한 휴가 망치게 하지 말라는 지시가 있었다든가

비 오다 해 나오고, 그 위 다시 짙은 구름
언제 다시 뿌릴지도
변화무쌍한 자연에
그렇지만은 않을 心性에 의문을 갖는다.

2008. 8. 7, 모스크바

6_모스크바 거주시민을 일컫는 말

7_북경 올림픽 개막 하루 전 그루지아가 남 오세티아를 공격하여 발생

이태리 코모(Como)에서 맞는 가을

異國에서 깊어가는 가을을 본다
노랗게 물든 낯익은 모습에
季節을 타던 자신을 돌아보았다.

맑은 호수에 비친 가을은
따사로운 햇살 속에 타오르다
바람 부는 대로 물결 사이로 사라진다.

가을이 이끄는 대로
가슴 아픔을 애써 멀리하고
긴 공백 메우려 한들.

타오르는 가을을 탓하는 듯.

이제 바쁜 일상에 기대어
조금씩
깊어 가는 가을을 곱씹으며 보낸다

그 사이 곱게 쌓인 낙엽
가녀린 재가 되어 사라질 때
비로소
올 가을의 熱病을 치유할 것인가.

서울에는 이미
가을이 깊어져 있을 터인데.

2005. 10. 30, 이태리 코모

브라질리아(Brasilia)의 밤 1

간 밤
호수 위에 하나 가득하던
보름달이
산 새 지저귐에 자취를 감추어
궁금해
난간에 다가가니
어느새
하얀 둥근 달이 되었더라.

바람 부는 대로
물결이 흐르는 것을 보며
맑은 공기에
저 먼 구름을 담아
인간사 덧없음을 새삼 느낀다면
무엇을 懇求하였더란 말인가.

브라질리아의 유리알 같은 투명함 속에
자신을 비추어
地平線 너머 아득한 그 곳을 향해
보내고 또 보내어 본다
그림자 없는 모습으로 나타날 수 있는가.

평온과 평화로움
깊은 생각 속에 떠나지 않는 自省의 소리,
울림도 없이
어느새
삶의 일부가 되어.

2006. 1. 16, 브라질의 수도 브라질리아

브라질리아(Brasilia)의 밤 2

새로운 밤
은은한 달 빛 받으러
난간 의자에 몸을 누였더니
별 자리 쏟아져 헤아리다
밤이 찾아 와
별 빛이 가득한 꿈결에
어느새
환한 달 빛을 덮었더라.

브라질리아의 맑은 밤
출렁이는 수많은 작은 물결 위로
도시를 감싸는 전등 빛
헤아릴 수없이 별 밤을 더하여
달을 좇으며,
꿈을 좇는다.

지친 몸을 이끌고
꿈 밖으로 나올 때
중천에 어엿한 밝은 달
가로등 빛 그림자 길게 호수를 덮어
별 빛 뽐내며 나란히
차가운 大氣를 뚫고
깊은 밤 속으로

그렇게.

2006. 1. 17, 브라질리아

다시 파리(Paris)에서

3년여 만에 다시 찾은 파리
같은 겨울이어서만이 아니겠지만
24년 전 중앙아프리카로 떠나던 길목을
聯想케 하였다.

悲感 속에서 추적추적 비 내리던 파리
불안과 작은 원망, 그럼에도 세-느 강변을 걸으며
미라보 다리 위를 넘으며, 무수한 등불의 춤을 보며
마음 속에 아쉬움을 더하였던 기억은 새롭고.

오늘 연푸른 시골 밭, 그 부드러움이 가득한 이 곳
훌쩍 30년을 더 넘었지만,
항상 무엇인가 부족하였던 파리 다방
그리고는 뜨거운 검은 熱氣
수많은 異國 풍경과 새로운 삶들
마음은 긴 여행을 떠나 있는데
한 밤 오두막집 반짝이는 등불과도 같이
연한 남색 옷, 부드러운 해맑간 웃음

요구도 의무도 없어 자유로운
가득한 사랑으로 허전하지 않은 자유로움
무엇을 짓는가, 짓고자 하는 것이 무엇인가
쉼 없는 물음에 말없는 微笑

같은 겨울의 파리에서
긴 歲月의 흐름에도
어찌할 수 없는 자신을 보며
편한 마음을 그린다.

2006. 2. 8, 파리 힐튼호텔

파리(Paris)의 4월

한 달 사이로
저만큼 낮이 길어진 파리
서머타임 탓이련가
9시도 늦지 않은 저녁 시간

개나리와 벚꽃이 환한 거리
무거운 트랜치 코트
가벼운 미니 스커트 발길
한 밤 현란한 에펠 탑
봄과 여름을 섞는다

아직 해야 할 일의 무게
적나라한 꾸베르의 裸婦 그림,
비너스 둔부를 뒤로 하고
좁은 거리를 달린다

완연한 공기의 변화
언제 느끼는가
파리의 아름다움은 어디에 있는가.

2006. 4. 5, 파리

그리스 上空에서 좋은 불란서 포도주를 마시며

구름과 만나는 곳에
하늘과 바다가 하나가 된다.

그리스 半島의 성마름은
사람 사이의 情을 깊이 하고
코펜하겐(Copenhagen)이 안겨 준
'시치미 뚝 따는 아기자기함' 을 뒤로 하였다.

'크레타(Creta) 섬의 好意' 때문인가
사람 사는 의미와 그 관계를 새삼스러워 하며
거칠 것 없는 탑승객 웃음소리에
잰 체하는 無意識이 자리를 잃는다.

입 안 변하고 또 변하는
붉은 포도주 香과 맛을 좇아 가노라면
먼지처럼 부수어진 치즈 더미를 만나
여행 길 걸쭉한 검붉은 밭이더라.

사랑하는 사람과 입맞춤이
그래서 아쉬움이 더 한 것인가
곳곳 색다른 情感을 보고 마시며 느끼고
人生의 참 맛을 즐길 수 있다면.

그 사이 한껏 부드러워진 입 안의 觸感
비행기 창 덮개로 무겁게 감추고.

그런데, 왜 프랜치 와인이 아니고 佛蘭西 葡萄酒인가.

2006. 8. 26, 아테네-카타르 行 비행기 속

세네갈 다카(Dakar)에서

오렌지 색 바탕 커튼 뒤로
바다가 있었다.

야자수 잎새를 밀치며
파도가 쉴새 없이 밀려 와
하얀 물거품을 모래 밭 위로 쏟아내
거친 바람을 달래고 있었다.

20여년 사이에
流行처럼 번진 開發 意慾
天惠의 자연마저 상실한 사람들
검푸른 바다 위로 넘치는
부러움과 바램

먼 데서 귀한 손님
虛像일지라도
노력하는 자세는 평가되고,
검은 피부 속에 반짝이는 정성
일 년 어치 할 일이
새로운 의미를 갖는다.

異域萬里 밝은 얼굴들
밝은 마음에 투영되어서 일까
다시 묻더라도
거센 파도에 실려, 아프리카 西海岸 바람에 실려
굳게 뿌리를 내렸다.

우리 모두의 정성과 노력이 結實을 맺는다.

2006. 2. 9, 세네갈의 수도 다카

고래 섬(Ils Goree)

천당과 지옥을 잇는 계단은
나선형(螺旋形)이었다.

'돌아올 수 없는 문(la porte sans retour)' 밖으로는
너른 바다, 출렁이는 검푸른 물결 뿐이었다.

장작을 포개듯 수많은 노예들
좁은 환기구멍 오가는 검은 숨소리
깊은 어둠 속에서 찬 공기를 먹으며
목숨을 어찌할 수 없었으리.

처음으로 어떠한 단어에도
인간적인 요소가 있음을 느낀다
절망, 절규, 고통, 참혹, 비참, 통곡
무슨 단어로도 사치스럽게 보이는 인간의 치욕
무려 300여 년 간 자행된 反人類的 蠻行
수용소 돌바닥에서, 돌 틈 사이에 숨어 넘치는
피 묻은 과거를 지울 수 없다.

고래 섬(Ils Goree)
수백만 명의 노예 거래 장터

몸서리치며
섬 주위 바닷물의 나이를 헤아려 보다
저 돌과 같이, 저 나무와 같다면
그 잔혹한 광경을 담아 두고
몸을 내 던진 絶叫를 되뱉으련만,
큰 덩치 바오밥(Baobab) 나무의 거꾸로 된 모습
지옥과 천당을 결코 용서할 수 없었으리.

삶과 죽음
피 끓는 생명, 의식
아프리카 西海岸에서 예상하지 못한
깊은 상념에 빠지다.
時差 탓도 있으련만.

2006. 2. 9, 세네갈 다카

아프리카 비행기 속에서

나는 왠지 설익은 것이 좋다
남은 나를 설익게 보지 않으련만
꽉 짜인 합리적, 빈틈없이 느껴지는 것보다
같은 미소라도 조금은 구멍이 보이는 것 같은
그런
설익음이 좋다.

나만 그럴까?

달달한 딸기 소스에 담긴 푸석한 데저트용 케익
주 요리(Entree) 전에 먹으면, 맛을 보면 문제가 있는가
아비쟝(Abidjan)行 아프리카 비행기
켄야(Kenya) 항공의 남자 승무원 목소리는 '짱' 이다.
부드러운 바리톤, 업(Up) 무드에 밝은 순수함으로 느껴지는 즐거움
최상급 포도주보다 알아주든 그렇지 않든 스타일의 포도주
맘 편히, 신경 쓰지 않고 너무 자연스럽게 吟味한다면
그동안 지나친 俗物이었음이리라.

오호 통재라.

빈 사발 포개 놓고 '치큰/치킨' 을 선택한다.
양은 적은 듯하나 맛은 좋다
이것도 마음이 우선 하는가
보리알 만한 쌀밥도 푸석하여 마음에 드니
꾸민 포도주 몇 잔에 기분이 벌써 陷沒되었는가.
약한 인디안 커리 香에 부드러운 토마토소스에 반하여
機內食을 다 비웠다.

배고픔은 없었는가.

아프리카가 주는 색다름일까
아프리카를 보는 내 마음의 차이인가.
남은 포도주 힘차게 입 안을 헹군다
양볼 안을 찌르는 떫은 향기
뒤가 부족한 아쉬움 속에도
반드시 그래야 하는 法은 없을 터이니
편한 마음으로 한 숨 자려다
아 하- 생각이 자유로운 즐거움이란
눈치 채지 못하도록, 사실은 알아주기를 바라는
"感性 더하기 理性"의 實體란 무엇인가.

삶이란 맛깔스럽고

形體 없는 마음이 제 멋대로
그림도 그리고, 글도 쓰고, 사랑도 하고, 때로는 소리를 지르니까

더 맛깔스러울 수밖에.

2006. 8. 28, 나이로비-아크라 行 켄야 항공기 속

아프리카를 건너며

풍부한 水産資源을 가진 가나(Ghana)의 首都 아크라(Akra)
이틀 밤을 묵다.
도로 양변 즐비한 자동차를 밀어내며
목적지를 향해 길을 만들어내는 교통경찰.

생각 밖의 선선함과 환대 속에
離陸시각이 다 되도록 붙잡아두는 귀빈(VIP) 대접
가벼운 인사에 하얀 이 드러내며 수줍어한다.
부산한 승무원들
에티오피안(Ethiopian)항공의 커피 색 여승무원
시바 여왕의 후예임을 자랑하고 싶은가
가늘게 쭉 뻗은 날씬한 다리
시선에 담겨있는 여인의 本能的 體臭

예정에 없던 着陸
태우고 갈 손님이 많아서라는 無表情한 荒唐한 설명
챠드(Chad)의 首都 응자메나(N' jamena)
곳곳 물 더미 옆 양철 지붕 흙집 양철 지붕은 반짝이고.

黃土 물 가득한 湖水
하얀 구름과 그가 만든 땅 위 그림자
東部 아프리카(Africa) 위를 난다
너른 커다란 사막화 지대를 넘어 더 너른 草原
옹기종기 나무 울타리 안 양철 지붕의 집들.

킬리만자로(Kilimanjaro) 山頂에 눈은 보이지 않았다.

끈질긴 음악
단순한, 반복되는 연주 音
곳곳에 모래 기둥 바람이 솟고 있었다.

2006. 8. 29-30, 아크라/아디스 아바바/다에르 살람 行 비행기 속

쿠바 하바나(Havana)에서

1800년대에 지어진 큰 돌[石] 집들
그보다 훨씬 더 되었음직한 빛바랜 聖堂
굳게 닫힌 문, 쇠창살은 하나같이 깊이 녹슬고.

뜨거운 태양 아래 맑고 푸른 바다
마치 호수와도 같이 잔잔한 물결
그 너머 세계 최강의 국가를 이웃하여
반세기 가까운 제재(Sanction)는 日常事가 되고.

웃옷을 벗은 남자, 山만한 앞가슴을 가진 검은 여자
까만 사람, 멀쩡한 백인, 그 중간 색깔의 잘 빠진 늘씬한 女人
곳곳 선글래스 너머로 참지 못하는 浪漫的 분위기
녹슨 피아노 연주로 國營호텔 아침은 열리고.

묵묵히 담배 잎 자르고 말아 시가(Cigar)를 만드는
붉은 上衣, 손길 재빠른 키 작은 사내
胎生的 우울함과 섬세함이 넘치고.

거리에서 사라진 식당, 상점 간판
골목 안 - 적발이 두려워 표지 없는 가게 문도 닫히고
반듯한 교차로 -- 열흘 되었다는 最新式 신호등
신호 전환을 알리는 숫자 --- 변화의 前奏이련가

共産主義를 추구하는 몇 안 남은 국가
'트로피카나(Tropicana)'[8] 무대 위로 넘치는 자본주의 官能美
南美 뜨거운 정열에 설익은 발레 공연
값 비싼 입장료는 누가 다 낼 것인가.

2006. 9. 16, 하바나

8_하바나 시내에 있는 오래 된 대중예술 공연장 이름

외교부 청사를 떠나며

떠나기에 좋은 季節입니다.
엊그제 겨울을 재촉하는 빗줄기가
노랗게 물든 세종로 거리를 산뜻하게 하였습니다.
오늘 아침 맑은 찬 공기가 남은 가을빛을 더욱 透明하게 합니다.

헤어보았더니 어느새 1년 2개월이 지났습니다.
길지도 짧지도, 마음먹기에는 적절한 느낌도 갖습니다.
그렇지만 속도는 분명합니다. 대단히 빠르게 지났고,
그 사이 많은 일들이 밀려오고 지나가면 남아서
그리고 새로운 일들이 차례를 기다려 왔습니다.

北韓 核問題로 야기된 국제관계의 복잡성에 더하여
세계화 정보화, 1천만 명 해외여행 시대
國益의 지속적 보호 증진이라는 기본적 責務를 다함에
제2차관으로 무슨 기여를 하였는가 自問합니다.

아쉬운 점, 부족한 점이 많았다는 反省 속에
때로는 적지 않은 보람도 있어
遺憾 없는 마음을 가질 수 있음에
알게 모르게 멀리서 가까이서
많은 聲援과 귀한 도움 주셨음에
감사 드립니다
가슴 깊이 머리 숙이어.

2006. 12. 1, 서울

서울을 떠나며

이른 새벽 창 밖
청소차가 길을 치운다.

밤새 손님을 부르고 있던
붉은 빛 24시간 영업 간판
얕은 잠에 깨어나
새 아침 준비에 부산하다.
오늘, 내일 그 다음 날 할 일이 줄을 잇고
그 이유에 대한 불안함을 떨치지 못하건만
責任感 속에 새로운 기대를 다지려는 마음
이제 변함없을 아쉬움 뒤로 할 밖에.

그럼에도
흐드러지는 새 봄 꽃향기는 길을 밝히고
또 밝히고 있으니
솟구치는 아픔이 가슴을 적셔.

언제라도 비 내릴 듯한 날
애써 지우려 하지 않더라도
잔잔한 모습의 내일을 위해
나무를 심고,
새 모이를 주리라.

2007. 4. 14, 서울

러시아로 떠나면서

또 다시 우리들 삶의 의미가 새로워지는 환한 봄 날
연초록 잎 새에 떠나는 인사를 담아 보냅니다.

'차갑고 해맑은[Maroz & sontse]' 겨울 아침을 가진 광활한 大地,
숙명적이라고 넘기기에 너무나 강렬한 슬픔의 흔적 속에
눈[雪]빛이 햇빛에 실리어 눈부신 나라
이제 넘치는 에너지 資源으로 새로운 힘을 쏟아내는 나라,
러시아(Russia)로 갑니다.

歷史的, 地政學的으로 연관된 유산을 배경으로,
양국 국민 사이의 문화 예술적 同質性을 귀히 하면서
韓半島 懸案 해결과 무한한 相生利益의 충직한 동반자 역할을 기대하며
이를 위한 최선의 노력을 다짐하며 떠납니다.

2년 반余의 서울 생활을 마감하면서
언제나 임에도 새삼스러운 마음, 그저 고마워하는 마음을 적습니다.
그간 所任을 다 할 수 있도록
따뜻한 觀心, 넓고 깊은 理解, 한결같은 聲援, 그리고 사랑.
감사드립니다, 마음 속 아주 깊이.

만약 모스크바에 오신다면[Esli vy boodete ekhati v Moskvu]
알려주시지요.
그 곳 자작나무(Birch) 숲에 가득한 香氣를
再會의 기쁨 속에 마음껏 나누리다.

아무쪼록
내내 건안하시고, 家內 좋은 일 많기를 기원합니다.

2007. 4. 17, 서울

II 삶 속에서

비단 내의

이번 겨울에
나는 추위를 몰랐습니다.
더운 나라에서 2년을 보내다 왔고
주변의 따뜻한 배려와 관심 덕택이었겠지만,
사실은 …

그가 비단 내의를 사주었습니다.

직장을 옮기고 난 뒤, 아니
직장을 바꾸어야만 하니
새로운 환경 적응에
따뜻한 체온 유지가 필요하겠다는 생각을
한 것 같습니다.

보드라운 내의로
넉넉하지 못한 마음
웅크림을 가릴 수 있는 것,
수년 만의 해후
시간 흐름의 결과를 인식하지 않을 수 있다는 것

새삼스레
아내에게
고마운 마음을 적습니다.

2005. 3, 서울

교 회(教會)

사랑이 허물을 덮는다는 목사님의 말씀
후회는
사랑으로 덮을 수 있는가,
또 누구 사랑으로.

못 이기는 척
아내를 따라 십여 차례
주일 예배에 참석하건만
아직
마음이 없다, 생기지 않는다.

때로는
강제도 나쁘지 않으련만
무엇을 기다리는가
무엇이 와 닿아야 하는가.

사랑의 힘

믿음과 소망, 그리고 사랑
信仰이 가져다 주는 큰 祝福, 恩惠
아름답고 귀한 것이련만.

밝고 소중한 삶은 우리들의 간절한 바램.

2005. 7, 서울

기다림 1

타고르(Tagor)는
120여 년 前
이렇듯 의자에 걸터앉아
아침 떠오르는 햇살 아래
멀리 갠지스 강을 바라보며
詩句를 가다듬었다고 하였다.

우리네 한강은 보이지 않지만
청담동 언덕을 거슬러 불어오는
시원한 강변 바람
한 낮 불볕더위를 식히며
마음 속에 갠지스 강가를 그려준다.

老詩人의 마음에 가득했던 熱情
흉내 낼 수 없음에도
큰 마음을 북돋우는 소리
왜소해진 자신을 일깨우고.

2005. 7. 24, 서울

기다림 2

가슴 응어리가 녹아 내리는 듯,
하다가
쉴 새 없는 물음에 피곤해진다.

작아지기만 하고 있는,
그리고 不安感
애써도 버려지지 않는 마음
심호흡을 하며, 또 하며
無心을 좇아가련만,
시간은 계속 가고 있는데.

시간이 지나
할 수 없지 …
그것이 運이려니

언제 집에 전화해야 할 것인가.

2005. 7. 27, 서울

퇴 직(退職)

친구가 떠난다는 연락을 해 왔다.
17년 근무하던 직장을 옮기며
무덤덤하게 보내왔다.

앞으로 좋은 일이 많기를 빌어주었다.

긴 세월 중 알고 느끼고 동감하던 순간들의 귀중함을
단 몇 줄로 적는 맘이 아프다.
깊은 고려 끝에 내린 결정이리라
그 같이
우수하고 사리 분명하고 정의로운 직원을
떠나보내는 우리들을 다시 생각하게 되었다.

30여 년 유감없이 근무할 수 있는 곳이라 믿고 있음에도
17년 근무의 결론이 다르다는 것에
내 믿음이 흔들거림을 느끼고
나이 먹음이 安住와 合理化로
어느새, ... 분명하게, ... 자신도 모르게, ...
무장되어 있는 것은 아닌가
혼란스러웠다.

친구의 급작스러운 떠남에
입고 있는 갑옷 무게를
버거워하여야 하는 것은 아닌지
아마도 다른 길이리라

친구에게 많은 행운이 함께 하기를 기원하였다.

2005. 8. 4, 서울

휴 일(休日)

메일을 열어보며
기사 검색을 또 하고
무심히 내려보다
두둑해 진 배 주위
슬그머니 다시 마음 상하며, …
休日을 보낸다.

무료해지는 언짢음을 달래야 하겠기에
점심 후 동네 산책이 어떨까 말해 보건만
내 마음 깊이 알리 없는 아내는
더운데, …
하여
혼자라도 다녀올까 잠시 생각한다.

언제부터인가
무엇인가 잘못 살아 온 듯한 느낌 속에
은퇴 후 연습을 미리 하는 것인가
合理化를, 또 위로를 하곤 하는데, …
그래서들
주말 山行 모임이 盛行하는 것이겠지.

아직은
크고 작은 모임들로
치질이 도지기도 하건만
休日이 낯설기만 한 모습
어찌 할 것인가.

2005. 8. 15, 서울

고 개

넘어야 할 山이
눈앞에 펼쳐질 때
그만큼 이루어냄의 價値는 커지리

넘어야 할 山을 또 만나는 것은
갈 길 접지 않음에 있으니
뉘 탓 하리.

그럼에도
山 너머 平溫이 있다고는
누가 장담하리.

넘어야 할 山은
모든 사람에게 거푸 다가오지 않는다

2005. 9, 서울

삶

내 가슴은 뛴다
우리 나이로 55살
그래도 내 가슴은 뜨겁게 뛴다.
뛰는 가슴을 느낀다
아름다움을 즐기는 마음이 다름일까
옳지 않음에 목청 높이는 자신을 본다
안타까움에 눈물이 흐른다
감동하고 격분하며 강하게 주장하는 자신을 본다
두 손 불끈 쥐는 가슴을 느낀다
나이는 마음먹기에 달린 것
느낌이 온다는 것이 더 맞으리라
의도적이 아님은 자신이 안다

뛰는 가슴을
억누름 없이.

며느리가 웃을까
환갑을 얼마 앞두지 않은 시아버지가
뛰는 가슴을 자랑한다면,
그대로 느끼고 싶다고 하면,
큰 아이 부부가 이상해 할까

오르간 소리에
가라앉는 자신을 보며
뛰는 가슴이 부끄러울 수 없는
자신을 갖고 싶다.

2005. 9. 4, 서울

인 연(因緣)

언젠가 한 번은
돌연히
찾아올 순간
참다 生을 마감할 수도 있겠지만
마음먹음에
수십 년의 空白을 건너다

놀라운 기억력
숨소리, 목소리 하나하나에
그 날들의 그림은 鮮明해지고
묻어 나오고,
묻고 또 묻는 말들, 그간의 일들

돌이킬 수 없는 시간이 만들어 온
긴 軌跡
저만치 보일 듯 말 듯
그림자를 짙게 드리우고
....

삶의 지혜에 기대어 본다.

2005. 9. 15, 서울

골 방

내 속에 작은 골방이 하나 있다

골방 안에 가득한 마음
때로는
넘쳐흘러 몸을 적시고
지난 세월을 물결 속에 담는다.

두려움을 애써 떨치고
골방 문을 열면
잊혔던 나날이 가지런히 보인다
오랫동안 가려있던 추억이
아픈 추억이, 생각하면 기쁜 추억이 쏟아진다
폭포수 같이.

함께 만든 물결이 돌고 돌아
새로운 원을 만들어
물밀 듯이 情을 담아
두 몸을 감싸고

마음이 넘치도록 골방을 메운다.

2005. 9. 23, 서울

기다림 3

한 시간 뒤,
아니면 하루 뒤,
결론은 나 있을 터이지만,
사람들은 왜소해 지기만 한다.

生을 마감하는 순간
짧게는 그 職을 마치고 난 후
'인' 것과 '아닌' 것의 차이가 무슨 소용일까 만은
前과 後를 잇는 연결고리
시간은 여지없이 흐르고
大小의 의미는 있다. 그리고 크다.

무엇을 할 수 있는가
중심을 잡고 흔들림 없이
자신의 궤적을 지켜가는 것만이
자신을 지키는 소중한 길
알기에 더 어려운,
필요하므로 더 요구되는 일.

그 사이
빈 사발에 비친
덥수룩한 내 모습.

2005. 9. 26, 서울

아마도

아마도

그동안 하였던 이야기보다
더 긴 이야기를 하였는지도
자꾸 빠지고 싶은 마음이 더 큰지도.

가을에 앓는가, 앓고 싶은지도
마치 사춘기 소년같이 되고 싶은지도
해야 할 일의 무게를 견디다
잠시 쉬고 싶은 마음에서 인지도.

모르는 것 사이에
확실한 것은
오늘
가을이 시작하는 첫 날.

아마도.

2005. 10. 8, 서울

결 심(決心)

깊은 밤
理性이 앞서는 밤
그렇다고 거짓은 아니다
애써 외면하였거나, 어쩔 수 없는 이끌림으로
억누르고 또 억눌렀으리라.

이제 막힘이 뚫리어
더 이상 制御할 수 없는 슬픔이 가득하여
차마
우스운 체 하거나, 모른 체 할 수가
큰 自信도 없이.

던지고 또 던지고, 다시 던져 본다.
돌아오는 메아리
짧은 외침
지난 세월을 거슬러
어느새 소용돌이 깊은 계곡

가을에 만나, 그 아름다운 가을에
다시 만날 약속을 해야 하는 마음
언제, 어디서 인가
살아가노라면, 불현듯 그러려니 하다가도
가슴을 치고, 또 치고
다시 또 치는데

… , 허나
어찌할 것인가, 할 수 있는가.

2006. 11. 18 밤, 서울

어떤 여행

14시간 餘의 비행
서울에서 두 번째로 먼 直航距離
요즈음 인기여성작가의 小說을 읽었다
잠을 청하는데 주인공 男女가 어른거렸다.
영어 사전 없이 자료도 없이
예닐곱 시간의 잠도 자고
자유로움 속에 편치 않음을 느낀다

처지가 변하면 待遇가 달라짐이 당연하거늘
사람에 대한 評은 조심할수록 좋다
마음 속에만 두는 평가가 어려운 세상에서
바뀐 처지를 의식하면
精神健康 유지에 害가 된다.

모든 일은 마음먹기에 달린 것
많은 후배들에게 힘들여 한 말
主觀的 상황을 여하히 客觀的으로 극복하는가
체면, 믿음, 불안, 인격, 시간관념.
우물 안 개구리 식 行態를 보고 들으며
아연실색 하게 되는 부끄러움 속에
만용을 저지르는 精神狀態를 짐작해 본다.
상식이 통하는 사회가 그렇게 어려운 것인가.

막연한 기대는 더 큰 失望感을 불러오고
기대한 것이 없었거늘
결과에 아쉬움을 갖는 것은 論理的이 아니다.
사람 마음이란 이론화된 客體가 아니다.

편치 않은 여행이 된 까닭을 찾을 수 있었던 것은
그나마 多幸이었다.

2006. 12. 12, 뉴욕-서울 行 KAL기 속

사랑의 마음

마음은 이상한 것이다.
일부러 삐친 것 같이 하다 보면
진짜 삐쳐야 할 이유가 있는 것 같고
잠시라도 삐친 마음이 되어 버릴 수 있다.

마음은 참 이상한 것이다.

화났으리라 생각하면
진짜 화나지 않았는데도 화난 척 하고
그렇게 '척' 하다 보면 전염병이 돌 듯
그런 기분에 싸이게 되기 쉽다.

사랑은 참 대단한 것이다.

아무리 '척' 하고, 또 '척' 안 하더라도
가슴 깊은 곳에서
그렇게 하면 안된다 라고 깨우치고
또 억지 마음을 불편하게 한다.

사람들은
나이와는 상관없이
20대 戀人들이 되고 싶나 보다.
때로는.

2007. 1. 26, 서울

비 정(非情)

우연히도
연 이틀
몸 큰 생선 잡이 뉴스를 본다.

1 미터가 넘는 농어를 우리 낚시꾼이
제주도 근해에서 잡고,
멕시코 앞 바다
사람을 피해 갯바위로 뛰어오른 산 갈치
무려 9미터 짜리란다.

의기양양한 낚시꾼
양팔을 벌여 노획물을 뽐낸다
그간의 기록 갱신을 자랑한다.
고기 한 마리를 12명이 들고 서 있는 사진
모두들 신기한 웃음에 즐거운 모습.

가슴이 아프다
바다 속 수십 년은 살아왔을 생물
짝이 있고 孫이 있고 따르는 무리가 있으련만.

한 줌 미끼에 그 큰 몸을 던지고
하필이면 갯바위 위로 그 긴 몸을 숨기려 했단 말인가
영원히
물 속에서 알 수 없는 존재이었을 것을.

미끼에 홀려
사람에 놀라
내 마음을 슬프게 하는가.

2008. 1. 15, 모스크바

친구의 죽음

하늘을 날고 날아
아주 먼 곳으로 날아 간 친구를 그리며
合掌을 한다
나무아미타불 관세음보살.

그렇게 살다 가는 것을.

몇 달 前 통화하며 나누었던 말이
새롭다
'말만 말구 언제 만나서 소주 한 잔 하자고'

그 때 난 '좋-지' 하였다.

그 곳에서 만난다면 무슨 첫 말을 할까
"오래 간만이야. 어때, 그 동안 잘 지냈는가?"

그는 분명 이렇게 말 하리라
여느 때처럼, 쾌활하게.
"응, 내가 하늘을 날다 보니 조금 먼저 왔어.
다 들 잘 있었지? 여기 괜찮아. 참, 한 가지,
여기… 소주가 없어서 말야, 하 핫하"

머리 속에 가득한 걸쭉한 음성
남아 있는
우리들 마음을 울리는 자취

멀리서
다시 두 손을 모으며
그의 평안한 永眠을, 安息을, … …
빈다.

2007. 5. 31, 모스크바, 故 이 君을 그리며

헤어짐

그것은 憐憫이었을 것입니다.
그리고 이성간의 자연스러운 호기심이랄까
지난 세월이 그 까닭인 양, 그 긴 흐름에서 당연한 듯 하였지만
其實은 메울 수 없는 間隙을 애써 모른 체 한 것이겠지요.

이제 때가 다가오는 것을 본능적으로 느낍니다.
거역할 수 없는 순간이 모습을 드러내고 있습니다.
어떠한 다짐보다 분명하게, 새로운 맹세보다 단호하게
깊은 울림을 느끼고 봅니다.

연민의 순간은 짧지도 길지도 않았고
서로를 탐하는 몸짓은 조화를 이루고
마시고 또 마시는 갈증의 몸부림 속에
그 싹이 자라고 있었어요.

정신적인 성숙함을 소중히 하고
올바름에 정진하여 목욕을 하고 또 하며
미세한 떨림에 초연한, 그래서 요구와 의무에서 한껏 벗어나
참된 友情의 깊음, 순결함, 떳떳함으로
아쉬움을 뒤로 할 수 있겠지요.

헤어짐이 갖는 숙명적인 因果
다시 만남이 환하게 비출 때
비로소, ...

2008. 7. 11, 서울-모스크바 行 비행기 속

선 물(膳物)

친구가 보내준 책 한 권
'레드 로드 - 대 장정, 중국을 보다'
붉은 글씨가 눈에 뜨인다.

2년 반 가까이 베이징에서 근무한 적이 있지만
학자와 공무원의 차이련가
아름다운 붉은 빛
이데오로기에 착색되어 명암을 가른다

책장을 들춘다
친구 목소리가 들리는 듯
치기어린 푸념, 확신에 찬 주장
현실과 이상을 넘나들던 그의 체취가 물씬하다.

사진과 글 속에 녹아있는 중국 공산당
이제 14억 인구의 주인인지 오래건만
새삼스러운 발자취, 지나보면 필연적인 결과
역사는 인간이 만든다
누가 무엇이 인간을 만드는가.

지나면서
1년, 5년, 또 10년 뒤 어떤 기억을 되살릴까
머릿속 한 구석에서 향기로움을 더할 것인가
어느 곳에서도 자취 없어
오늘이 헛되는가

넓은 러시아의 수도 모스크바에서
큰 나라 중국을 옆에 두고
미래를 보며
자신을 돌아 본다.

2008. 9. 14, 모스크바

식 후(式後)

결혼식이 한 열흘쯤 남아 있을 때
모스크바는
아직 하얀 겨울 속에서
긴 밤을 보내고 있었습니다.

서울에서
禮緞이니 婚需니, 그리고 式 준비에
눈코 뜰 새가 없는 아내에게
남편은 기껏 인터넷 전화로
'좋았어, 잘했네요, 괜찮아요' 하였습니다.

그래도 날짜가 가까이 다가올수록
틈만 나면, 아니 機會만 있으면 틈을 내서
조금이라도 돕는다고, 또 돕겠다고 애를 썼는데
무엇을 도왔는지, 결과적으로
공연한 신경거리만 만들었던 것 같습니다.

그렇게 그렇게 해서 삼월 열나흘 날
환하고 따뜻한 봄날, 사랑이 넘치는 날
여러분의 가득한 祝福 속에
아이들 婚禮式을 잘 마치고 이제
저희 부부는 머리 숙여 깊이 감사드립니다.

서로가 반듯하고 건실한 반려자로서
사랑과 믿음 속에 평생을 함께 할 우리 아이들에게
아낌 없이 보여주신 소중한 祝願에
다시 한번 마음 깊이 감사드립니다.

고맙습니다.

2009년 3월말 모스크바에서

III 아름다움을 위하여

도 심(都心)

도시 한 가운데
물 흐르는 소리 제법인
庭園

굵은 소낙비
큰 우산 치는데

높은 빌딩 사이로
저 멀리
그림 같은 집들

약속 시간은
소나무 香에 실려 가고.

2005. 6. 1, 서울

흐린 날의 약속

淸溪川 새 물 맞이를 앞둔
시청 앞 광장은 빛나고

확인하지 않았던 탓에 불편한 마음
헤아렸듯
늦는다는 전갈
창 밖 풍경이 새로워

廣場을 휘감은 행렬
아스팔트 위 떨어지는 빗방울
가늘게 마음을 치고

오는 줄 아는 기다림
내게 눈길 줄 리 없으련만
식사 끝낸 뒤 일어나는 낯선 사람들

얼마만이던가.
비는 계속 오는데.

2005. 8월, 서울

옥 잠 화

그렇게 며칠씩이나
기억해 내고자 하였던
이름

길게 목을 빼어
하얀 모습을 보이려 하는데
입 안에서만,
마치 뒤꿈치 높여 손 끝 선반 위
닿을락 말락 하듯

세월의 흐름인가
벌써 그러한 나이이었던가.

이틀 지나고
아 드디어, 마침내 떠오르다

옥-, 잠-화.

흰 초롱 자태와 은은한 향기
머리 속 모습을 벌써 그리고 있었건만
이제 기억 끝을 거슬러
구슬이, ... 하얀 구슬이
굴러오듯
그렇게.

2005. 7. 14, 서울

난(蘭)

창가에
蘭이 꽃을 피웠다.

보기만 하여도
은은한 香氣가 배는 듯
사무실을 가득 메운
연한 꽃 색깔

년 초 선배가 보내 준 화분
기껏 물 주기만 하였건만
보라는 듯
하나 둘, 꽃망울 터뜨리며
수줍게 모습 드러내었다.

향내를 맡는다.

마음씨 고운 사람의 體臭와도 같이
소식 기다리는 마음
구석구석 기대고 싶은 마음

소리 없이 가득 묻어 나온다.

2005. 8. 31, 서울

고양이

그는 잠의 여왕이다

하얀 잠에서 깨어나면
외로움을 떨치듯 네 발 모아 길게 기지개 하고
줄 감은 통에 앞발톱을 긁어대고
기분 좋은 야-옹 소리

바닥에 드러누워
배 속 울림으로 사랑에 답하고
쓰다듬는 손길
따뜻한 체온에 더욱 부드러워지고.

그는 고독의 여왕이다

잠에서 덜 깬 아침 한 때
무엇인가 渴求하는 듯,
그러다가 듣지도, 듣는 척도
아예 보지도, 쳐다보지도 않는다

흠뻑 파묻힌 듯 하다가도
못내 낯 선 표정
情 없음에 아쉬움을 갖는다면
고독을 뽐내는 그를 모르는 까닭

고양이 같은 사람
사람 같은 고양이

우리 집 '아리' 가 그렇다.

2005. 9, 서울

가 을

I.

눈부시다
맑은 공기

II.

방문 사이로 빠져나가는
시원한 초가을 바람

저녁 무렵
한 낮 따가운 햇살은
아쉬움을 남기고

2005. 9. 11, 서울

III.

가을이 저만치
투명한 자취 속에 멀어지더라도
다시 올 터이니
너그럽게 볼 터이지요.

2007. 11. 6, 모스크바

가을 잔상(殘像)

고속도로 防音壁
울긋불긋 계절의 소리가 붙어 있다.

1년 내내 자동차 배기가스에
숨 쉴 틈 없었건만
가을바람에 살랑대는 잎새 더미 소리
진한 향기 뽐낸다.

겨울을 향하는 이른 햇살
붉기만 하다.

2006. 11. 20, 서울

눈[雪]

어제 밤
내리던 눈을 당신이 지켜보는지 몰랐어요.

하얀 눈이 당신 눈에 비치며
온 세상을 하얗게,
그리고 조용히 물들이는 줄 알았다면
어느 새 그 옆으로 날아가
같이
흰 눈을 좇았을 거예요.

영롱한 불빛을 머금은
크리스마스 트리의 작은 방울들은
창밖 눈빛에 더욱 빛나고
나는
당신의 맑은 눈빛에 묻히어,
눈이 시려
또 바보가 될지 몰라요.

하얀 눈과 같이
하염없이 내리는 눈과 같이
포근히, ...
언제까지나

2005. 12. 4, 서울

겨울 늦자락

좁은 회색 띠 사이로
겨울 해
겨울 시냇물
논,

밭고랑 사이 얼음 테
어느새
새 봄맞이 가지런한 과수원

흰 물감을 섞어 뿌려 놓은 듯
간 밤 내린 눈에
하얀 겨울이 빠르게 지나간다.

2006. 3. 1, 서울

학 교

3층짜리 단아한 一字 건물

무성한 은행나무
푸른 싱그러움이 가득한 창
기다린 계절이 번듯해
유리창에 비친 아이들 함성

아기 손 만한 선인장
아이들 정성이 가득
작은 화분 속 가득한 함성

운동장에 환한 생명이 넘친다.

2006. 8월, 서울

비행장

비행장의 밤은 아름답다

가지런한 指示燈을 건너
큰 비행기 몸체가 환히 비추어진
창밖 풍경
명료한 그림과도 같이
한 밤을 불 밝히고 있다.

점점이 푸른 表示燈
童話 속의 등불과도 같이
한 이야기를 건너
다른 이야기를 건네주며
저 멀리
높은 가로등으로 향한다.

그 밑
저마다 밝음을 차지한 채
긴 행렬을 만들고,
그리고 待合室
살아 숨 쉬는 밤낮이 다름없는 곳
긴 비행의 安息處

새로운 출발의 설레임.

2006. 5. 3, 서울

오누이

건너 건너 자리로부터 소리가 커집니다.
'오-빠, 침 무치지 마라 쪼오-ㅁ'
경상도 말씨는 높낮이가 다릅니다.
'히히 그래ㄷ-도 맛있다'
즐거운 목소리 주인은 모두 여자아이입니다.

가릴 것 없는 오누이의 모습에 자꾸 웃음이 납니다.

그 사이 들릴락 말락
부끄러움에 잔뜩 젖은 듯한 사내아이 목소리는 더 낮아집니다.
침 묻히며 먹을 것 놓고 여동생과 다투는 오빠가 되어 버렸으니
그럴 법 합니다.

오누이의 대화는 事實과 眞實을 다시 생각하게 합니다.
事實과 眞實의 같음과 다름을 열심히 생각하는 요즈음
앞 좌석에 가려 잘 보이지는 않지만
그들의 표정 - 웃음 띤 얼굴, 찡그린 얼굴
다 같이 아름답게 느껴집니다.

여러 想念 속 나를 즐겁게 합니다.

2007. 1. 5, 경부선 KTX 속

여 행(旅行) 1

그와 여행을 떠나고 싶다.

두 손 꼭 잡고
바다를 보고, 한 밤중 휘영청 높이 뜬 달도 보고 싶다.
거칠 것 없이
내게 기대어 지긋이 전해지는 따스한 체취를 맡고 싶다.

그와 기차 여행을 하고 싶다.

목적지가 어디라도
나란히 앉아
삶은 달걀도 까먹고
새큼한 귤을 맛보고
까르르 까르르 멈춤 없이 이야기하고 싶다.

머리 속에서
오늘 자기 친구들과 떠난 그 사람과 함께
여행을 한다.

2007. 1. 9, 서울

여 행(旅行) 2

친구들과 집 떠난 그가 전화를 하였다
'나 여기서 살고 싶어'
내가 물었다, '누구랑?'

마음 속에
삶을 넘어 갈 수 있는 곳
너무 좋은 곳을 또 담아두는 것은 좋은 일이다.
그래서 사람들은 여행을 하나보다

들뜬 목소리로 다시 말했다
'이곳은 벌써 봄 같아'
내가 물었다, '꽃도 폈어?'

봄이 되어야만 꽃이 피는 것인가
마음 속의 꽃은 시들지 않는다
그래서 사람들은 여행을 좋아하나 보다.

어제 겨울 여행을 떠난 그가
벌써
보고 싶다.

2007. 1. 9, 서울

여 행(旅行) 3

여행에서 돌아오기로 한 날 그가 전화하였다
'저-기, 하루 더 있다가 가면 안돼-요?'
내가 말했다, '애인이라도 생겼는감?'

가끔은 꽉 짜인 일상(日常)에서 벗어나
얻기 쉽지 않은 여유를 가지려는 것은
건강의 징표이리라.

그가 다시 말했다.
'근데, 은행에 이달 치 관리비 좀 내 주세요'
그리고 또 말했다.
'미안해요, 여보-'

모처럼의 여행 중에
아파트 관리비 생각을 칭찬해야 하겠지.
그래서 사람들은 진짜 여행을 떠나기 어려운가 보다

그런데 내 밥 세끼에는 관심이 없는가.

2007. 1. 10, 서울

여 행(旅行) 4

엊그제 여행 떠난 그가 돌아왔다.

사방에 넘치는 푸른 바다 냄새와
피지 않은 꽃 향기를
맑은 눈 빛에 가득 담아 왔다.

생각지 않던 그리움 속에
한 겨울에 봄 소식 전하는 기쁨을 위해
한 걸음에 달려 왔단다.

돌아 갈 곳이 있는 사람
기다리는 사람이 있는 사람
日常事에
새로운 기쁨과 감사하는 마음이
파도처럼 넘친다.

사람들은 그래서 여행을 하는가 보다.

2007. 1. 10, 서울

IV 8 месяцев в России

перевод Писаревой Ларисы(канд.филол.наук, поэт-переводчик),
Ким Сон-Мён(канд.филол.наук, директор Пушкинского Дома)

(러시아語 번역)

80 дней в России | 러시아의 80餘日

Россия, которую можно понять только сердцем.
Я ожидал эмоций, переполняющих сердце,
Поражающих внезапно, как молния,
бурлящих, как водопад.

Стройные белоствольные берёзы тянутся
ввысь навстречу солнцу,
Их нежная кожица за зиму потрескалась от морозов,
Листья трепещут от ветра.
Берёзы стоят, взявшись за руки с тёмно-зелёными елями.

Долгие-долгие холода, тысячи лет подряд
пробирающие до самого сердца,
За суровостью скрыты нежные души,
создавшие великое искусство,
Люди, заботливо сажают яркие тюльпаны
синим весенним днём,
Читают стихи Пушкина и переполняют концертные залы.

Необъятная земля, с запада на восток 11 часовых поясов,
О богатстве истории и культуры
могут поведать живописные полотна,
Я повстречал около ста человек за восемьдесят дней.

Мы тревожились и пугались красной тени,
Теперь же спокойно обошли
красивые кирпичные стены Кремля,
Перешли «мост LG» и, направляясь к «галерее Самсунг»,
С уверенностью смотрим на настоящее
и обсуждаем ещё большие планы на будущее.

«Взаимодоверительное многогранное партнёрство».
Считаю, что нужно доверять не умом, а сердцем,
Выполняю свой государственный долг.
Полностью посвящаю себя работе.
Но временами охватывает одиночество.

9 июля 2007, в Москве

8 месяцев в России | 러시아의 8個月

Время за спиной
Как стрела летит,
2007 год уже на исходе,
Наступает восьмой месяц моей жизни в холодной России.

Всегда есть разница между представлением и ощущением.

Ещё не прочитано «Зимнее утро» Пушкина,
Ещё не привык к Москве, где было 39 градусов 2 года назад,
К чаду от потока машин, фасадам зданий в вечерних огнях,
К сверкающим новогодним ёлкам…

В тысячелетней истории снова, как будто впервые,
«Сильной России нужен сильный лидер»,
Но больше всего стабильность на долгое будущее,
Голос народа взывает к этому.

За это поднимаются рюмки с водкой
и бокалы с красным вином.

За березами, сбросившими листья,
Котлован копают и укладывают каменные плиты.
Фундамент сотрудничества между нашими странами
тоже укрепляется,
Наши совместные дела, как песчинки и камни,
Скрепляют добрые стремления наших душ.

Хотя есть предначертанный жизненный путь,
тень прошлого не рассеялась,
Универсальные ценности и непреложная истина
ещё не созрели.
Соединим вместе нашу мудрость и разум,
пусть горит огонь нашей дружбы,
И от сердца к сердцу передаётся тепло
через Сибирь, Дальний Восток до полуострова Кореи.

21 декабря 2007, в Москве

Россия – Луна | 러시아 - 반달

Поднялся я ввысь, где луны половинка

Так близко, рукою коснуться хочу,
В ночи над Сибирью разлито сиянье,
Я к этому свету навстречу лечу,
Но не сокращается расстоянье.

Луна никогда не была ко мне так близка,
Так близка и так далека,
За иллюминатором свет неизменный и неземной.

В памяти - городской проспект под луной.
Через край бокала переливается вместе с вином
Центральной Африки печальный лунный свет.

Луна всё та же, и вчера, и ныне,
И неизменны чувства к ней, как прежде,
При лунном свете
Всё прошлое моё так ясно видно,
Отбросив ложный стыд и ложные одежды,
Душа обнажена и беззащитна.

Хочу коснуться лунного сиянья,
Но между нами то же расстоянье.

25 августа 2008, в самолёте Москва-Владивосток

Москва – Встреча с зимой | 모스크바 - 겨울맞이

Сегодня чистое синее небо.

Слабый трепет осенней листвы
Холода предвещает,
Не ярко-жёлтые листья гинкго,
А жёлто-бурый московский клён.

Влажный воздух с серым снегом,
И даже холод необычен.

Казалось, что зима должна быть зимой,
настоящей.
Но становится крепче мороз, и эта мысль
постепенно ослабевает.
Забвение старого и предчувствие нового –
Это и есть стремление к счастью.

Задумавшись и любуясь
Сосульками под крышей,
Не замечаешь, что мороз
Пощипывает руки и пробирает насквозь.

Память о Москве в моей душе горит.

10 октября 2007, в Москве

Москва - Первый снег | 모스크바 - 첫눈

С первым снегом встретился в Москве.

Вместе с хлопьями кружится
Листва берёз с позолотой,
Что-то высказать хочет, волнуясь,
И, жалуясь, шепчет что-то.

Белоснежной русской зимы
Пейзаж неземной,
Обочины мокрых дорог
Оторочены белой каймой.

За гулом машин исчезает снег,
Клубится белёсый туман.

От первого снега
Я счастлив и пьян.

15 октября 2007, в Москве

Ночь Бразилии 1 | 브라질리아(Brasilia)의 밤 1

Прошлой ночью,
Светом, словно спелостью наливаясь,
Появилась луна над озером,
Испугавшись щебета птиц, скрылась за облаком,
С любопытством я ждал на балконе,
Наконец,
Круглой и белой вновь явилась на небосклоне.

И волны,
Бегущие по ветру,
И далёкое облако
В прозрачно-чистом эфире
Напоминают мне,
Что всё преходяще в мире.
Чего же хотел я!

От прозрачного, как стекло, воздуха Бразилии
Становлюсь просветленным,
Указываю себе путь
Туда, за далёкий горизонт.
Могу ли я существовать без тени?

В душе мир и спокойствие,
Лишь в глубине подсознания внутренний голос,
Без звука
Незаметно
Становится частью моей жизни.

16 января 2006, в Бразилии

В Дакаре Сенегала | 세네갈 다카(Dakar)에서

За оранжевой занавеской
Море.

Без устали катятся на берег волны,
Отталкивая пальмовые листья,
Швыряя белую пену,
Усмиряя буйный ветер.

В течение 20 лет к ряду
Было модным «стремление к просвещению»,
Но люди утратили естество добродетели,
Морской прилив принес
жажду новой жизни.

По отношению к гостю из далёкого края,
Если даже чувствуется лукавство,
Чёрная кожа светится искренностью.
Деловое партнёрство ценится высоко,
Ведь дела целого года
Зависят от этого.

Весёлые лица в далёкой стране,
Отражают весёлые души.
Этот народ
Крутыми волнами и ветром западных берегов Африки
Рождён и вскормлен.

Наши обоюдные чистосердечные усилия
уже приносят плоды.

9 февраля 2006, в Дакаре Сенегала

Отправляясь в Россию | 러시아로 떠나면서

Весна, и новым смыслом жизнь наполнена.
Зелёный первый лист моё послание несёт вам,
милые друзья.

В Россию еду я.
В той стране – бескрайние просторы,
зимним утром «мороз и солнце», ослепляет снег,
Страна, что в сердце глубокую печаль хранит из века в век.
С ней встреча, как судьба, что свыше мне дана.
Духовных сил неиссякаемый источник – та страна.

В истории не раз пути наши сходились, мы соседи,
Переплетались судьбы культурных двух наследий,
Всё это в сердце бережно храня,
Я верю, наши страны и впредь – попутчики
и верные друзья.
Исполнен гордостью, что дел таких вершителем я буду,
В Россию еду я.

В Сеуле время быстро пролетело,
И на чужбину вновь мой путь лежит.
Вас, близкие мои, кто словом или делом
Меня поддерживал, со мною рядом был,
Благодарю от глубины души.

Но если вдруг Москву вам посетить придётся,
Скорее дайте знать, сердечно буду рад,
Волненье новых встреч разделим вместе с вами
И рощ берёзовых волшебный аромат.

Мир дому вашему и вам благополучия, здоровья,
Вдали от родины я буду храним вашей любовью.

17 апреля 2007, в Сеуле

Шёлковая пижама | 비단 내의

Этой зимой
Я не чувствовал холода,
Ведь я провёл 2 года в жаркой стране,
И, конечно, благодаря заботе и вниманию близких,
Но, всё-таки, самое главное….

Моя жена подарила мне шёлковую пижаму.

Наверное, в честь того, что я сменил работу,
Или, наоборот, она думала,
Что я должен поменять место работы,
И для адаптации к новой обстановке
Мне важно сохранить теплоту тела.

Если за нежной шелковой тканью
Я могу скрыть свою душу,
Нещедрую, которая хочет свернуться в комочек,
То мне не придётся переживать из-за встречи с кем-то
по прошествии нескольких лет.

Вдруг
Глубокая признательность жене
До краёв наполнила сердце.

в марте 2003, в Сеуле

Ожидание1 | 기다림 1

Говорят, что поэт Тагор
120 лет назад,
также сидя в кресле,
и созерцая вдали реку Ганг,
в лучах восходящего солнца,
сочинял стихи.

Не долетает сюда
прохладный ветерок с родной реки Ханган,
смягчая полуденный зной,
веет он на склоны холма Чондамдон,
сегодня воспеваю берега Ганга.

Высокие чувства древнего поэта
повторить не в силах,
но пробуждённый голос моей души
вырывается за пределы моего тесного «я».

24 июля 2005, в Сеуле

Заветная комната | 골방

Заветная во мне есть комната одна.

Душою до краёв наполнена она.
Порою
Чувства удержать не в силах,
Прошедшего
Вздымается волна.

Свой страх преодолев с трудом,
Приоткрываю дверь
И вижу дни забытые давно,
От самого себя сокрытое воспоминанье,
Радостное, и больное,
Обрушивается на меня, как водопад.

Воспоминанью этому нет никаких преград,
Два наших тела
Захлёстывает новая волна,
Неудержимо

Ко дну идёт душа, не достигая дна.

23 сентября 2005, в Сеуле

Наверное | 아마도

Наверное,

Поведал бы более длинный рассказ,
Чем всё, что рассказывал прежде,
Чтобы всей душой в него погрузиться.

То ли осенью мне нездоровится,
То ли хочется занемочь,
Обо всём забыв ненадолго,
Стать подростком, годы отбросив прочь,
Плечи расправить под тяжестью долга.

Среди неизвестного
Лишь одно достоверно –
Сегодня
День осени первый.

Наверное.

8 сентября 2005, в Сеуле

Центр города | 도심

В центре города
Сад,
Чаруют ручья переливы.

Внезапный ливень,
Раскрываю большой зонт.

Среди современных высоток
Виднеются вдалеке
Дома из прошлого зодчества.

Мгновения встречи
Окутаны ароматом сосны.

1 июня 2005, в Сеуле

Снег | 눈

Вчерашней ночью, стоя у окна,
Ты любовалась снегопадом.

И отражался снег в твоих глазах,
Мир укрывая тихо и светло.
О, если бы я знал,
То в тот же миг на крыльях полетел к тебе,
И вместе
Хлопья снега стали бы ловить.

На ёлочных рождественских шарах
Наверно, ещё ярче из-за снега,
Сверкали бы огни,
А я,
От счастья поглупев, как прежде,
В твоих глазах бы утонул.
В глубоких, чистых твоих глазах бы утонул.

Как этот белый снег,
Снег, падающий без остановки, бесконечно,
Мягко,…
Вечно.

4 декабря 2005, в Сеуле

Школа | 학교

Длинное здание в три этажа.

Гинкго густой листвой шелестят,
Свежестью неба залиты окна,
Пора долгожданная и прекрасная,
Звонкие голоса из окон к небу летят.

Кактус детской ладошкой, к оконной раме приник,
Мир приветствует с искренностью ребёнка,
И даже цветочный горшок светится радостью звонкой.

Жизнь бурлит на школьном дворе как светлый родник.

в августе 2006, в Сеуле

Путешествие1 | 여행 1

Вместе с ней отправляюсь путешествовать.

Крепко взявшись за руки,
Смотрю на море, а в полночь на луну
Высоко в небе.
Чувствую
Рядом её тепло и нежность её прикосновений.

На поезде с ней отправляюсь путешествовать.

Неважно куда,
Лишь бы только сидеть рядом,
Болтать без умолку,
Жевать что-нибудь вкусное.

В мыслях своих
Вместе с ней,
С той, что отправилась сегодня с друзьями
Путешествовать.

9 января 2007, в Сеуле

Путешествие 2 | 여행 2

Она позвонила мне,
Отдыхая где-то вдали от меня,
«Знаешь, мне хочется остаться здесь жить»
Я спросил шутя: «С кем?»

Как здорово, что человек
Может хранить в душе возвышенные чувства,
Поднимающие его над обыденностью.
Как здорово, что
Сердце наполняется прекрасным.
Вот почему путешествуют люди.

Она взволнованно продолжила:
«Здесь уже пахнет весной»
Я спросил: «И цветы расцвели?»

Ведь цветы могут цвести не только весной.
Цветы, распускающиеся в сердце, никогда не вянут.
Наверное, и поэтому тоже людям нравиться путешествовать.

Уже скучаю по той,
Что вчера, в зимний день, отправилась в путешествие.

9 января 2007, в Сеуле

Путешествие 3 | 여행 3

В день своего возвращения
Она позвонила и сказала:
«Милый, не возражаешь, если я на один день задержусь?»
Я спросил: «Наверное, ухажёр появился?»

Среди заполненного до предела дня
От дел оторваться и найти время для отдыха-
Видимо, признак здоровья.

Она продолжила:
«Кстати, не можешь ли заехать в банк
и оплатить счета за квартиру?»
И добавила:
«Извини, я знаю, ты так занят».

Сам факт, что она во время путешествия
Вспомнила об уплате счетов –
Это уже приятно и требуется отметить.
Ведь именно из-за таких мелочей
людям трудно отправиться куда-то.

Хотя её, видимо, совсем не интересует,
что готовит на ужин её супруг.

10 января 2007, в Сеуле

Путешествие 4 | 여행 4

Вчера она вернулась из отпуска.

Чистый взгляд
Принёс с собой
Запах моря
И аромат ещё не распустившихся цветов.

Сказала,
Что ужасно соскучилась,
И едва сдерживая радость, на крыльях летела ко мне,
Чтобы принести в нашу зиму весть о весне.

Замечательно, когда есть место, куда возвратиться,
Замечательно, когда кто-то ждёт тебя,
Среди повседневной жизни
Теплое чувство благодарности
Переполняет сердце.

Вот почему люди путешествуют.

10 января 2007, в Сеуле

Свадьба | 식후(式後)

Десять дней оставалось до свадьбы.
Спала Москва,
Белым зимним
Сном заворожена.

Там в Сеуле
Не спала в заботах жена,
Выбирала шелка для платья.
Муж обрывал телефон,
«Отлично! Прекрасно!». Издалека что мог сказать ещё о

Чем ближе этот торжественный день,
Тем волнений всё больше,
Муж звонил ещё чаще, лишь надоедая жене.
Находясь вдали от семьи,
Чем мог помочь ещё он?

14 марта,
В этот весенний день, залитый теплом и светом,
День, наполненный любовью,
С благословения всех дорогих нам людей,
Вместе собравшись в свадебном зале,
мы поздравили наших де
И за это мы всем вам благодарны.

Пусть отныне, как преданные супруги,
Наши дети в любви и доверии проживут свою жизнь.
За то, что вы искренне счастья им пожелали,
От всей души спасибо всем говорю.

Ещё раз сердечно благодарю.

В конце марта 2009, в Москве

Поэтическое слияние двух миров, дипломатии и лирики

- Писарева Лариса (канд.филол.наук, поэт-переводчик)

Перед нами книга стихов современного корейского поэта Ли Кю-Хёна. Дипломат по профессии, он работал во многих странах мира, а в настоящее время занимает пост Уполномоченного посла Республики Корея в России. Поэзия и политика, дипломатия и лирика – две абсолютно разные стороны жизни, и, на первый взгляд, трудно совместимые. Но, читая стихи корейского поэта Ли Кю-Хёна, видишь, как в одном человеке не только равноправно уживаются эти две стихии, но и прекрасно дополняют друг друга. В представленной в этой книге поэзии можно заметить удивительное слияние, сплав черт тонкого лирика и мыслителя, дипломата одновременно.

Стихам корейского поэта присущ неповторимый национальный характер, в котором отразились восточное мировоззрение и приверженность корейской древне-поэтической традиции. Религиозно-философские системы буддизма и конфуцианства традиционно оказывали и продолжают оказывать влияние на корейскую литературу. Познание самого себя при помощи самосозерцания, стремление к самосовершенствованию и просветленности являются особенностью такого мировоззрения. В стихотворении «Ночь Бразилии» отражена подобная буддийская философия.

Прошлой ночью,
Светом, словно спелостью наливаясь,
Появилась луна над озером,
Испугавшись щебета птиц, скрылась за облаком,
С любопытством я ждал на балконе,
Наконец,
Круглой и белой вновь явилась на небосклоне.

И волны,
Бегущие по ветру,
И далёкое облако
В прозрачно-чистом эфире
Напоминают мне,
Что всё преходяще в мире.
Чего же хотел я!(«Ночь Бразилии»)

Для корейцев, привыкших отсчитывать время по лунному календарю, в пейзажной лирике, начиная от поэзии средневековья в жанре «сиджо» и «ханси», луна является одним из часто встречающихся образов и излюбленным предметом созерцания. Образ луны наделен определенной символикой, связанной с конфуцианской системой миропонимания. Она символизирует неизменность, преданность и чистоту души. Луна, неизменный друг древних корейских поэтов, с которым можно поделиться своими раздумьями, также предстаёт в стихотворении «Россия– Луна» поэта Ли Кю-Хёна.

Вместе с поэтом мы совершаем воображаемые путешествия по разным странам и континентам. В стихотворениях подобной тематики присутствует не просто взгляд постороннего наблюдателя, это попытка проникновения в жизнь и культуру других народов и желание, находясь в другой стране, на расстоянии, переосмыслить ещё раз своё через чужое. Это относится и к «русскому» циклу стихов. Долгое время живя и работая на чужбине, благодаря профессии дипломата, поэт имел счастливую возможность познать разные страны изнутри, встретиться с разными людьми. На основе своих впечатлений поэт создаёт поэтические образы России, Бразилии, Индии. Читатель может увидеть оригинальный, порой парадоксальный взгляд иностранца на другую жизнь и культуру, точное наблюдение и деталь являются отличительной чертой таких стихов. Так, размышляя о России, у поэта рождается образ: «Не ярко-жёлтые листья гинкго, а жёлто-бурый московский клён.... Влажный воздух с серым снегом, и даже холод необычен».

Реальная современность ярко и выпукло выступает в строках поэта. В них нет ничего надуманного, сама жизнь, повседневные ситуации дают пищу для размышлений. Причём ситуации эти, как и в реальной жизни, разные - от текущего момента в высших сферах международной политики до самых обычных будничных прогулок по городу. Как дипломата, поэта волнуют отношения Кореи с другими странами, экономические и политические изменения, происходящие в современном мире, в разных государствах, на разных континентах, в том числе и в России. Но всегда при этом присутствует и связывает всё воедино глубокое раздумье о смысле человеческой жизни, о своей судьбе, а также желание постичь характер и суть происходящего. Именно таков поэтический строй стихов Ли Кю-Хёна.

Писарева Лариса Александровна

Родилась 19 сентября 1964 года в городе Оренбурге. В 1987 году окончила Литературный институт им. А.М.Горького и аспирантуру при Литературном институте им. А.М.Горького (Москва). Кандидат филологических наук(1996), поэт, переводчик, член Союза Писателей России с 1995 года. Стихи и рассказы публиковались в журналах "Истоки", "Поэзия", "Литературная Грузия", газете "Московский комсомолец", в переводе на корейский язык в журнале "Поэзия" (Сеул, Республика Корея). Также книги переводов: Анна Ранцане "Молитва дому"(1989, пер. с латышского), "Современная корейская поэзия" (2004, пер. с корейского). С 1999 - 2000 год работала старшим научным сотрудником Института Мировой Литературы РАН им. А.М.Горького(Москва). С 2000 года по настоящее время живёт и работает в Республике Корея. В настоящее время является преподавателем русского языка и литературы Университета Корё (Сеул). В 2006 году окончила аспирантуру по специальности современная корейская литература Университета Корё(Сеул).
В настоящее время занимается изучением и переводом на русский язык корейской литературы.

외교와 서정, 두 세계의 시적 결합

- 삐사레바 라리사(문학박사, 시인)

우리 앞에는 한국의 현대 시인 이규형의 시집이 있다. 외교관을 직업으로 가진 그는 세계 각국에서 일해 왔으며, 현재 주러시아 한국 대사로서 직무를 수행하고 있다. 시와 정치, 외교와 서정 - 이 둘은 명백히 다른, 삶의 두 측면이며, 언뜻 보기에 혼융되기 어려워 보인다. 하지만 이규형 시인의 시를 읽으면서 어떻게 한 인간의 내면에 이 두 세계가 동등하게 참작되고 있는지, 또한 얼마나 훌륭하게 서로서로를 보완하고 있는지 볼 수 있게 된다. 이 시집 속에 제시된 시편들에서 우리는 섬세한 서정시인이자 사색가의 특징과 외교관의 면모가 동시에 놀랍게 결합되고 있음을 볼 수 있다.

시인의 시편들에는 고유한 민족적 특징이 존재하고 있으며, 이 속에 동양적 세계관과 한국의 시학적 전통에 대한 경의가 드러나고 있다. 불교와 유교의 종교 철학적 체계는 전통적으로 한국 문학에 영향을 끼쳤으며, 그 영향은 현재에까지 계속되고 있다. 자기 성찰을 통한 자아의 인식, 자아의 완성과 평정에 대한 지향 등이 이러한 세계관의 특징으로 나타난다. 이와 유사한 불교적 철학이 시 〈브라질리아의 밤〉에 투영되고 있다.

간 밤
호수 위에 하나 가득하던
보름달이
산 새 지저귐에 자취를 감추어
궁금해
난간에 다가가니
어느 새
하얀 둥근 달이 되었더라.

바람 부는 대로
물결이 흐르는 것을 보며
맑은 공기에

저 먼 구름을 담아
인간사 덧없음을 새삼 느낀다면
무엇을 懇求하였더란 말인가. 〈브라질리아의 밤1〉 중

음력이 익숙한 한국인에게 있어, 또한 〈시조〉나 〈한시〉의 산수시나 현대 서정시에서, 달은 자주 만날 수 있는 이미지 중 하나이며, 한국인이 좋아하는 사색의 대상이다. 한편 달의 형상은 유교적 세계관 중 '선비 정신' 과 관계된 정형화된 상징이기도 하다. 달은 불변, 충성, 영혼의 정결함을 상징하기 때문이다. 함께 사색을 공유할 수 있는 옛 한국 시인들의 변함없는 친구로서, 달은 그렇게 강직하고 신념에 찬 외교관-시인 이규형의 시 속에서 중요한 의미를 지닌다.

한편 우리는 시를 읽으며 시인과 함께 여러 나라, 여러 대륙으로 여행을 떠나게 된다. 이러한 테마의 시편들에는 단지 타국의 관찰자로서의 시각만이 존재하는 것이 아니라 다른 민족의 삶과 문화에 대한 통찰과, 타국에서 거리를 두고, 타인을 통해 자신을 다시금 조망하려는 바람이 담겨있다. 이것은 〈러시아〉 연작시에서 두드러지게 나타난다. 외교관이라는 직업으로 인해 이국 땅에서 오랜 시간 살고 일하면서, 시인은 여러 나라를 내면으로부터 이해하고, 여러 사람들과 만날 수 있는 행복한 기회를 가졌다. 자신의 감상을 바탕으로 하여 시인은 러시아, 브라질, 인도의 시적 형상을 창조한다. 독자는 다른 삶과 문화에 대한 외국인의 근원적이면서 때로는 역설적인 시각을 보게 되며, 정확한 관찰과 디테일은 이러한 시들의 독특한 요소가 된다. 이렇듯 시인은 러시아에 대해 성찰하면서 다음과 같은 형상을 창조한다 '우리네 은행나무 잎 선연한 노란 빛은 아니지만/ 모스크바의 황갈색 단풍/ 계절이 다가옴을/ 조그맣게, 가벼운 떨림으로 전해 주는데// 회색빛 눈발에 습기 품은 대기/ 색다른 이곳 차가움' .

사실적 동시대성은 시인의 시구들에서 명백하고 도드라지게 분출된다. 그의 시 속에 작위적으로 만들어진 것은 전혀 없으며, 삶 자체, 일상적인 상황들이 사색을 위한 양식을 제공한다. 게다가 이러한 상황은 실제 삶이 그러하듯이 국제 정치의 높은 범주의 현안으로부터

가장 일상적인 거리 산책이나 기내식에 이르기까지 교차되고 있다. 외교관으로서 시인은 한국과 다른 나라들과의 관계 및 러시아를 포함한 여러 국가와 여러 대륙에서 일어나고 있는 경제적, 정치적 변화들에 항시 주목하고 있다. 동시에 인간 삶의 의미와 자신의 운명에 대한 깊은 성찰과 자신의 성격과 흐르는 시간의 본질을 가다듬고자 하는 열망 역시 존재하고 있으며, 이 모두가 함께 연계되고 있다. 하나의 현상이나 객체를 응시하고, 여러 측면에서 조망하면서 자신의 내적 본질을 통찰할 수 있다고 시인은 보고 있는 것이다. 이것이야말로 이규형 시의 시학적 특징이라 할 수 있을 것이다.

삐사레바 라리사 알렉산드로브나

1964년 오렌부르그 출생. 고리끼 문학대학 졸업, 동대학 석사, 박사. 시인, 번역가, 러시아 작가 협회 회원. 고리끼 세계문학대학 연구원 역임(1999-2000), 한국외국어대학 교수 역임(2000-2004), 고려대학교 교수 역임(2005-2006). 고려대학교 국문학과 박사 수료. 시와 단편 소설 및 문학 논문이 러시아 및 한국의 여러 잡지에 수록되었고, 다수의 국제 학술회의(한국학, 번역학)에 참석하였다. 현재 고려대학교에서 강의를 하며, 한국문학을 러시아어로 번역하고 있으며, 국문학 박사 논문을 준비하고 있다.

이규형 (李揆亨)

1951년 生
서울高, 서울大 외교학과 卒, 하바드大 팰로우
1974년 외교통상부 입부, 해군 장교 복무
1980. 3 - 2002　駐유엔(2회), 중앙아프리카, 일본, 중국 등 근무
2002. 8 - 04. 9.　駐방글라데시 대사
2004. 9 - 05. 9.　외교통상부 대변인
2005. 9 - 06. 11.　외교통상부 제2차관
2007. 4 -　駐러시아 대사

Ли Кю-Хён

Ли Кю-Хён родился в 1951 году. После окончания Сеульской школы, поступил в Сеульский Государственный Университет на дипломатическое отделение. С 1992-го по 1993-й год проходил стажировку в центре международных дел университета Харберд (США).

В 1974 году поступил на службу в МИД Кореи. С 1980-го по 2002-ой год служил в ООН, Средней Африке, Японии, Китае и т.д. С 2002-го по 2004-й год был послом Республики Корея в Бангладеше. С 2004-го по 2005-й год – официальный представитель МИД Кореи. С 2005-го по 2006-й год – заместитель министра МИД Кореи. В настоящее время является послом Республики Корея в России.

В 2005 году в Корее вышла первая книга стихов автора «Порой сердце наполненное».